D1727578

Deutschlandbilder

Deutschlandbilder

Das vereinigte Deutschland
in der Karikatur des Auslands

Herausgeber
Stiftung Haus der Geschichte
der Bundesrepublik Deutschland

KERBER VERLAG

Inhalt

Vorwort

Mit mehr Nachbarn als jedes andere Land der Erde haben die Deutschen allen Grund, über den Zaun zu blicken. Mehr als einen Blick über den Zaun bot »Deutschlandbilder«, die erste Wechselausstellung, die das Haus der Geschichte der Bundesrepublik Deutschland mit seiner Eröffnung durch Bundeskanzler Helmut Kohl am 14. Juni 1994 zeigte: die Sicht des Auslands, der unmittelbaren Nachbarn ebenso wie der internationalen Presse auf Deutschland.

Innerhalb weniger Monate haben wir damals mit Hilfe von Agenturen, Auslandsvertretungen, Museen, Karikaturisten und vor allem durch intensive Auswertung ausländischer Zeitungen und Zeitschriften weltweit annähernd 1.000 Karikaturen aus 65 Ländern zusammengetragen und 250 für die Ausstellung und die Publikation ausgewählt. Eine immense Arbeitsleistung, die möglich wurde dank außergewöhnlicher Kooperationsbereitschaft aller Partner und vor allem dank des Engagements der Projektmitarbeiter unter Leitung von Ulrich Op de Hipt. Bei der Zu-

sammenstellung unterstützten uns darüber hinaus u. a. renommierte Karikaturisten wie Fritz Behrendt und Walter Hanel. Mehr als 90.000 Besuche zählte die Ausstellung während ihrer Präsentation in Bonn vom 15. Juni bis zum 9. Oktober 1994 – ein stolzes Ergebnis und ein gelungener Auftakt für alle weiteren Wechselausstellungen. Knapp drei Jahre später gingen die »Deutschlandbilder« dann »on tour«: Bis Ende 2002, also in fünf Jahren, waren sie in 54 Städten in sieben Ländern zu sehen.

Grund genug also, die erfolgreiche Ausstellung zu überarbeiten und zu aktualisieren sowie dieses Begleitbuch in zweiter Auflage entsprechend anzupassen; dass dies in deutscher und englischer Sprache möglich wurde, verdanken wir der großzügigen finanziellen Unterstützung des Internationalen Statistischen Instituts, das auch die ergänzte Ausstellung anlässlich seines 54. Weltkongresses vom 13. bis 20. August 2003 im Berliner Internationalen Congress Centrum erstmals zeigt.

Die Stiftung Haus der Geschichte der Bundesrepublik Deutschland hat sich von Anfang an internationaler Zusammenarbeit gewidmet. Die frühe europäische Grundausrichtung wurde auf eindrucksvolle Weise bestätigt: Der Europarat verlieh dem Haus der Geschichte 1995 seinen renommierten Museumspreis, weil es »im europäischen Rahmen einen herausragenden Beitrag zum Verständnis der europäischen Kultur und zur Auseinandersetzung mit der Geschichte« leiste. Kaum ein Jahr später empfahl der Europarat – bislang einmalig – in seiner »Recommendation 1283« allen Mitgliedsstaaten, »nationale Geschichtsmuseen nach dem Vorbild des Hauses der Geschichte in Bonn zu errichten«. Für die Häuser der Stiftung Haus der Geschichte der Bundesrepublik Deutschland in Bonn und Leipzig, die als Museen für Zeitgeschichte zur Auseinandersetzung mit dem Zeitgeschehen anregen, liegt es deshalb nahe, den Blick des Auslands auf das vereinigte Deutschland auch in vielen Ausstellungen und Kooperationsprojekten zum Thema zu machen. Karikaturen greifen schärfer und überspitzter als andere Medien Vorurteile, Stereotypen und Feindbilder auf, die oft schon lange bestehen. Sie halten uns Deutschen eine Sichtweise vor Augen, der wir uns zu stellen haben. Der Blick in den Spiegel verunsichert und vergewissert zugleich. Als »optisches Juckpulver«, wie Ronald Searle Karikaturen charakterisiert, regen sie uns an zur Auseinandersetzung mit uns selbst und – mehr noch – mit dem Bild der Deutschen und der Bundesrepublik Deutschland, wie sie sich seit 1990 entfaltet. Dieser positive, skeptische oder manchmal negative Blick kann uns wichtige Denkanstöße geben, die Beziehungen zu unseren Nachbarn weiter zu verbessern.

Hermann Schäfer
Präsident der Stiftung
Haus der Geschichte
der Bundesrepublik Deutschland

Fritz Behrendt (Niederlande),
»De Telegraaf«, 1995

»Michels Schatten«

Zum Bild der Deutschen in der ausländischen Karikatur

Karikaturen sind Akupunkturen aus Mut und Zorn. Sie übermitteln Botschaften. Sie stellen fest und bloß. Sie adeln und tadeln. Zu ihnen gehören Standfestigkeit und Transparenz, Moral und narrative Fantasie, gelegentlich aber auch die Neigung zum Klischee oder Stereotyp. Ihre Kommentare erwachsen aus einem eigenen politischen und kulturellen Umfeld. Leser und Redakteure lieben ihre Unzweideutigkeit, ihr Bekenntnis, ihr signiertes Dafür oder Dagegen. Eine Karikatur sagt »Ja« oder »Nein«, niemals aber »Jein«. Mit dem Mittel kondensierter Striche leuchtet sie hinter die Fassaden, um Wesentliches und Unwesentliches voneinander zu trennen.

Karikaturen sind Zeitzeugen, Zeitdokumente, Bekenntnisse von Zeitgenossen. Als kritische »Zerrbilder« leisten sie einen wichtigen Beitrag zur demokratischen Meinungsbildung.

Deutscher Genießer
Ronald Searle (Großbritannien),
1966

»Das Betrachten einer politischen Karikatur stellt sich fast so dar«, schreibt Joe Szabo als Herausgeber des Bandes »Weltpolitik in Karikaturen«, »als ob man in einem dunklen Zimmer Licht einschaltet oder bei einer Sehschwäche die richtige Brille aufsetzt. Es ist die Freude über die Aufklärung, die Befriedigung zwischen Karikaturist und Leser, die Entdeckung einer Wahrheit, selbst wenn sie abscheulich ist. Und für viele ist die Karikatur eine Art Haltepunkt im ständigen Fluss der Ereignisse. Sie ist klug, boshaft und amüsant, eine Abwechslung im Einerlei, die ihresgleichen sucht.«

In allen Teilen der Welt wird heute das Bild in seinen vielfältigen Formen zu einem immer bedeutsameren Informationsträger. Davon profitiert auch die Karikatur. Die politische Zeichnung erlebt seit einigen Jahren in Deutschland einen außergewöhnlichen Boom. In anderen Ländern sind ähnliche Entwicklungen festzustellen. Ein aktuelles Beispiel zeigt den Trend: In den 120 in der Pressedokumentation des Deutschen Bundestags ausgewerteten deutschen Tages- und Wochenzeitungen ist der Abdruck von Karikaturen in den Jahren von 1989 bis 1994 um mehr als 30 Prozent gestiegen. Immer mehr Zeitungen veröffentlichen politische Zeichnungen auf der Titelseite.

Der Kulturhistoriker Eduard Fuchs beschrieb die Bildsatire schon um die Wende vom 19. zum 20. Jahrhundert als »eine Art Weltgeschichte in Epigrammen«. Für Kurt Tucholsky war sie 1919 eine große, bunte Landknechtstrommel gegen alles, was stockt und träge ist, blutreinigend und teintfördernd allemal. Für den jungen Theodor Heuss war sie ständig präsent, »in tausend Formen, mit tausend Zwecken, unterhaltsam, boshaft, verzweifelnd, ironisierend, pathetisch«.

Die Karikatur gehört heute zu unseren Lebensumständen und zu unseren Lebensäußerungen wie nie zuvor. Wer in der Zeitung steht, ist bekannt, wer karikiert wird, ist populär. Politische Zeichnungen sind beinahe ein Massenprodukt, nicht zu übersehen, und ihre Wirkung setzt beim ersten Blick ein. »Die Reaktion darauf«, so der Nestor der deutschen Karikaturisten, der Münchner Architekt Ernst Maria Lang, »ist spontan, emotional, und in der Folge schließt sich – wenn die Karikatur auch intellektuell anregend ist – der Denkprozess an. Der Zeichner muss das wissen, und so hat er immer darauf bedacht zu sein, eine ›Legierung‹ aus Verstand, Fantasie und Moral herzustellen, um den erwünschten Effekt der Karikatur zu erreichen.«

»In der Spiegelfläche der Karikatur«, so der Karikaturenforscher Georg Ramseger, »voll-

zieht sich die Entzerrung der Wirklichkeit. Keiner gibt sich, wie er ist. Jeder spielt eine Rolle. In der Wirklichkeit finden die Verkleidungen statt, die der Karikaturist gelassen abreißt und wegwirft, damit aus der Wirklichkeit Wahrheit werde, nämlich die Wahrheit über uns.« Die Bildsatire mischt sich ein, sie lässt die Dinge nicht auf sich beruhen, sondern bringt sie in die Zone der Nachdenklichkeit. Darin gibt sich ihre Ethik zu erkennen. Damit hält sie ihren künstlerischen und politisch-geistigen Wert stabil. So wird sie im Urteil des englischen Zeichners Ronald Searle zum »optischen Juckpulver, das die Betroffenen zwingt, sich zu kratzen«. Und auf dieser Ebene, als Weltkind zwischen Komödie und Tragödie, ist sie Karies und Caritas zugleich.

Als Randerscheinung der bildenden Kunst trat die Karikatur bereits in den Papyrusrollen der Ägypter in Erscheinung, so etwa in der tiersymbolischen Satire auf Ramses III., einen Pharao aus dem 13. Jahrhundert vor Christi Geburt. Der Weg der Satire lässt sich weiter verfolgen, über die Flucht des Äneas aus Troja, die Verherrlichung des Herkules bis hin zu den Steinbildern am Straßburger Münster oder die Spottbilder zur Zeit der Reformation.

Für ihre moderne Entwicklung erhielt die Karikatur einen wesentlichen Impuls um die Mitte des 17. Jahrhunderts. Eher aus einer Laune heraus und bewusst gegen den Schönheitskanon der Zeit zeichneten die Bologneser Brüder Agostino und Annibale Carraci ihre »rittratini carichi«, als übertriebene Bildnisse bezeichnete Porträts, die in

**»Herr General Schwarzkopf! I won't
send you troops, but after ze cock-up
at Khafji, I will send you some know-how…«
Michael Cummings (Großbritannien),**
»The Sunday Express«, 3.2.1991,
»Herr General Schwarzkopf! Ich werde
Ihnen keine Truppen senden, aber nach
dem Schlamassel bei Khafi schicke ich Ihnen
etwas Know-how…«

der Nachbarschaft eines Leonardo da Vinci
als direkt gestaltete Moral und als satirische
Kunstwerke verstanden wurden. »Carica-
tura« nannte man diese grotesken Studien,
abgeleitet in der Bezeichnung von dem

italienischen Verb »caricare« (überladen,
übertreiben). Und fortan bestieg auch das
Ideal-Hässliche als Gegensatz zum Ideal-
Schönen die Tribüne der Kunst – als indivi-
duelles, persönliches Motiv.

Ihren künstlerisch und publizistisch bedeut-
samen Durchbruch erzielte die Karikatur
freilich erst im 19. Jahrhundert. Unterstützt
durch moderne technische Erfindungen,
wie zum Beispiel die Lithografie, eroberte
sie neues kommunikatives Terrain. Sie wurde, besonders auch durch die Gründung satirischer Zeitschriften, zu einem modernen

Medium für kritischen Geist und freiheitlich-soziales Engagement. Daran konnte auch so manche enge Polizei- und Militärmoral nur zeitweise etwas ändern.

Namen wie William Hogarth, James Gillray oder George Cruikshank aus England, Jean-Ignace-Isidore Gérard Grandville, Honoré Daumier oder Charles Philipon in Frankreich, Wilhelm Busch, Theodor Thomas Heine, Eduard Thöny, George Grosz oder Karl Arnold in Deutschland stehen beispielhaft für die Auseinandersetzung zwischen Macht und Satire, auch für die Bekämpfung politischer oder sozialer Neurosen. So mancher Karikaturist wurde im 19. und 20. Jahrhundert mit den unterschiedlichsten Mitteln mundtot gemacht. Im Dritten Reich wurde die Karikatur zum propagandistischen Kampfbild denaturiert. Später, im gesamten Ostblock, war es unter der Ideologie des Marxismus-Leninismus nicht erlaubt, »sozialistische Gesellschaftsgrundlagen anzutasten«.

In der Bundesrepublik stand der Karikaturist nach 1945 da ohne seine ehemaligen Zielscheiben, den Schlotbaron, den feschen Leutnant, den Adel und den Thron. Parallel zum Aufbau der Demokratie und der damit verbundenen Minderung sozialer Spannungen und Gegensätze, im Angesicht der gegenüber früher harmloseren Manager und Lobbyisten, wurde die moralische Absicht der Karikatur stärker als ihre aggressive Tendenz. Karikatur und Karriere wurden zwar nicht zu Freunden oder Verbündeten, aber mit Ausnahme der APO-Zeit und gelegentlichen Affären und Skandalen wurde das Urteil des Wiener Architekten und Zeichners

Gustav Peichl wahr: »Es ist schlimm für einen Politiker, karikiert zu werden, noch schlimmer aber ist es für ihn, nicht karikiert zu werden.«

Als Massenprodukt steht die Karikatur heute in der Gefahr, dem Massenkonsum zu erliegen. Es besteht die Tendenz, dass die Bildsatire, integriert in den Tagesjournalismus, auf das Niveau des Amüsements und der vornehmlich deskriptiven Beobachtung und Beschreibung herabsinkt, wenn nicht vor allem kritische Leser und Redaktionen dazu beitragen, dass die satirische Kleinkunst keine Einbußen an Schärfe und Qualität erleidet. Mitverantwortlich dafür ist natürlich auch die politische, wirtschaftliche und soziale Entwicklung in Deutschland und Europa.

Image mit Hakenkreuz?
Deutschlandbilder zwischen Labilität und Klischee

Für die einen sind wir eine Nation der Wahrheitssucher, für die anderen eine Mischung aus James Bond und Dorfbursche oder auch eine Wirtschaftsmacht mit smarten Managern, auf der Suche nach der eigenen Identität. Wie schwarz-weiß geht der Deutsche noch immer in Europa oder anderswo spazieren? Wer hat vergeben, aber nicht vergessen? Besteht das Bild der Deutschen im Ausland noch immer aus einem Wechselbad mit alten Ressentiments, Misstrauen und neuer Bewunderung? »Ohne Frage«, so Carlo Schmid in einem bis heute gültigen Urteil aus dem August 1977, »haben es die Deutschen schwerer gehabt, im Urteil der Welt zu bestehen als andere Völker. Nicht erst seit Hitler, nicht erst seit 1914/18, das fing schon früher an und hatte seine Gründe.«

Gerade weil die Karikatur diese Meinungsbilder, Vorurteile und Urteile wie kaum ein anderes Medium interpretieren und visualisieren kann, ist sie als Quelle für historisch bedingte Feindbilder oder aktuelle Denkweisen und Einschätzungen von besonderer Bedeutung. Hypotheken und Ambivalenzen, Befürchtungen und Hoffnungen spiegeln sich nirgendwo deutlicher als in den Sichtweisen der ausländischen Karikatur. Diese politischen »Zerrbilder« fragen ungeniert und unverpackt nach fremdenfeindlichen Ausschreitungen, nach neu belebtem Revanchismus, nach eventueller deutscher Dominanz im vereinigten Europa, nach wirtschaftlichen und sozialen Problemen in den neuen Bundesländern, die sich auch auf Europa auswirken könnten. Deutschland hat mehr Nachbarn als irgendein Land der Welt. Das führt zu unserer Neugier an dem Echo von draußen, die im Ausland oft falsch interpretiert oder missverstanden wird. Deshalb sind wir an der Diskrepanz zwischen der Realität und dem Bild über die Realität auch emotional stark interessiert.

Auch der Karikaturist im Ausland wird von seinem Umfeld stark geprägt. Seine Beobachtungen, seine aktuellen Themenbezüge sind Kommentare zur Zeitgeschichte, auf den Punkt und den Strich gebracht. So kann man die Initiative der Stiftung Haus der Geschichte der Bundesrepublik Deutschland, mit der Präsentation »Deutschlandbilder – Das vereinigte Deutschland in der Karikatur des Auslands« Dechiffrierarbeit zu leisten, nur begrüßen. Durch die Ausstellung werden wichtige und aufschlussreiche politische, ideologische, soziale, wirtschaftliche, kulturelle und kunstphilosophische Befunde offenbar. Themen und Meinungen werden

Universalmittel gegen Revolutionäre
Thomas Theodor Heine (Deutsches Reich),
1898

Les Poires
Charles Philipon (Frankreich),
»Le Charivari« 1834,
Die Birnen

mit dem Zeichenstift aufgespießt, die verbal tabu sind, getreu der Tatsache, dass man einen Hanswurst eher zeichnen als ihn so benennen kann. Aber auch das Gegenteil ist der Fall: Mit dem gesellschaftlichen und politischen Wandel besonders in Osteuropa entstehen satirische Spiegelbilder der Deutschen, die von neuer Partnerschaft und Hoffnung auf Zusammenarbeit geprägt sind. Auch das dokumentiert die Ausstellung.

Es gehört zum Wesen der Karikatur als Element der Kritik, dass ausgeprägte Pathologien, die der Therapie bedürfen, eher ihre Aufmerksamkeit finden als harmonische Verwurzelungen, Traditionen und Realitäten. So ist zum Beispiel der säbelrasselnde, ag-

gressive Deutsche, der Teutone ohne Ritterlichkeit mancher ausländischen Mentalität näher als der pragmatische und nüchterne deutsche Manager. Außerdem berücksichtigt die Karikatur eher globale politische oder wirtschaftliche Konflikte im Bereich der Außenpolitik, als dass sie die Alltagsgesichter und die Alltagsprobleme der Menschen individuell oder gruppenweise widerspiegelt. Das fördert die Tendenz zum Klischee und zum Stereotyp.

Beispiele für solche Schieflagen sind zur Genüge heranzuziehen. Großbritannien etwa ist seit fast zwei Generationen ein uns freundschaftlich verbundener europäischer Nachbar. Dennoch sind in der englischen Karikatur Pickelhaube und Eisernes Kreuz häufig für die Bundesrepublik oder die Deutschen verwendete Symbole. Erst kürzlich wurde ein selbstherrlich dargestellter deutscher Industrieller unter dem Motto

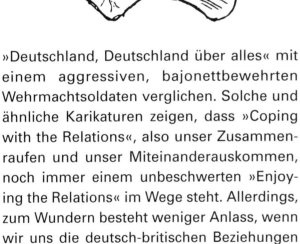

»Deutschland, Deutschland über alles« mit einem aggressiven, bajonettbewehrten Wehrmachtsoldaten verglichen. Solche und ähnliche Karikaturen zeigen, dass »Coping with the Relations«, also unser Zusammenraufen und unser Miteinanderauskommen, noch immer einem unbeschwerten »Enjoying the Relations« im Wege steht. Allerdings, zum Wundern besteht weniger Anlass, wenn wir uns die deutsch-britischen Beziehungen der letzten 120 Jahre vor Augen führen.

Das Fazit: Aktuelle politische Ereignisse korrespondieren in der Karikatur des Auslands noch immer erheblich mit positiven oder negativen Stigmen aus der Vergangenheit. So zum Beispiel, wenn die Nichtteilnahme deutscher Soldaten am Golfkrieg 1991 bei englischen Zeichnern an Hindenburgs »How I hit the Allies« oder an Rommels »My desert war« erinnert. Selbst so banale Vorgänge wie die »Krauts« als Urlaubsrüpel, wenn sie

schon um Mitternacht Sonnenliegen für den nächsten Tag reservieren, geraten in die Nähe kriegerischen Verhaltens.

Als polemisch und emotional aufgeladene Karikaturen müssen Zeichnungen gelten, die Klischees und Feindbilder aus der Vergangenheit auf die politische Gegenwart übertragen. Symbole und Erkennungszeichen – häufig das Hakenkreuz – werden mit lebenden demokratischen Politikern bildlich so eng verbunden, dass deren persönliche moralische und politische Integrität in Frage gestellt und des Öfteren beschädigt wird. Höchst anschaulich ist dies schon bei Konrad Adenauer an Karikaturen aus Ost und West zur Zeit der Wiederbewaffnung zu sehen, bei Helmut Schmidt mit der vorgestanzten Stereotype »le Feldwebel«, bei Helmut Kohl zur Zeit des Golfkriegs oder während der Affäre um ein Interview des britischen Industrie- und Handelsministers Nicholas Ridley im Jahre 1990.

Auch ein Blick in den früheren Ostblock, zum Beispiel eine Studie des Deutschenbilds in der polnischen Karikatur, zeigt, wie historisch oder ideologisch bedingte Sichtweisen Feindbilder und Vorurteile bestätigen. »In der Nachkriegszeit«, schreibt der polnische Karikaturensammler und -forscher Wojciech Wrzesinski, »im Klima des kalten Krieges und einer Spaltung der Welt in ideologische Blöcke wurde die polnische Karikatur von der Zensur geknebelt und das Deutschlandbild voll und ganz ideologischen Geboten untergeordnet. Das alte Feindbild, das ja überwiegend allem Preußischen als dem Träger der schlimmsten deutschen Ideen, des ›furor teutonicus‹ galt, wurde nunmehr auf den Deutschen aus der Bundesrepublik übertragen. Eben dieser Gesellschaft wurde das ganze Erbe der expansionistischen räuberischen Tradition Deutschlands angelastet. Auch die ethischen Werte dieser Gesellschaft wurden bekrittelt.«

Träger dieser Feindbilder waren Parteiklischees und Staatsbewusstseinsbilder über die Bundesrepublik, nicht die individuellen menschlichen Ebenen. Wesenszüge und Merkmale der Bevölkerung eines Landes, in diesem Fall der Deutschen, blieben standardisiert und schematisiert. Das Fazit, nochmals mit den Worten von Wojciech Wrzesinski: »Wenn die polnischen Zeichner die Deutschen als durch und durch von der Politik determinierte Individuen sahen, so ließ sich daraus auch gleich deren Einstellung zum Leben ableiten. Daher also ihre Selbstherrlichkeit, ihr Größenwahn und ihr anmaßender Herrschaftsanspruch über andere Völker!«

Diese Ikonographien ließen sich ändern. Intensivere politische und soziale Kommunikation zwischen den Völkern wäre dafür vonnöten. Sie könnte sich nicht nur mit dem Einfluss des Karikaturisten als Person auf seine Zeichnungen befassen, sondern auch den noch immer stark national begrenzten unterschiedlichen »sense of humour« ein wenig europäisch und wissenschaftlich unter die Lupe nehmen. Nicht nur in Deutschland begegnen Lehre und Forschung den »Weltbildern im Rechteck« (Gerhard W. Wittkämper) noch immer mit einem Libidokomplex, mit ausgesprochener Skepsis und Zurückhaltung.

Den polnischen, russischen, englischen, chinesischen, amerikanischen, französischen oder deutschen Karikaturisten müssten nur ihre Quellen vor Augen geführt werden. Bi- oder multilaterale Workshops böten sich dafür an. Das Haus der Geschichte könnte dafür Ort und Katalysator sein. Schließlich ist Kultur die Substanz, so Richard von Weizsäcker, um die es der Politik zu gehen hat.

Die Bundesrepublik kann sich hierbei keine Sendepause leisten. Klischeehafte Assoziationen, die fortbestehen, üben negative psychologische und negative politisch-geistige Einflüsse aus. Deutschland ist Gottseidank aus dem Kreis der säbelrasselnden und expansiven Nationen ausgeschieden. Wir könnten einen interessanten Beitrag dazu leisten, dass auch das internationale karikaturistische Szenario unseren Weg mehr als bisher ins Bild setzt, zumal ideologische Mauern in den letzten Jahren zerborsten und gefallen sind.

Nicholas Garland
(Großbritannien),
1994

Auch die deutschen Karikaturisten könnten neue Einsichten gewinnen. »Im Kontext des Nahen Ostens«, so schrieb kürzlich Ortwin Ramadan zum Bild des Arabers in der deutschen politischen Karikatur, »scheint sich die politische Karikatur fast ausschließlich an dem inneren Feindbild ›muslimischer Araber‹ zu orientieren und nicht, wie man vielleicht vermuten könnte, an der politischen Realität der deutsch-arabischen Beziehungen ... Auf ihrer funktionalen Ebene entpuppt sich die in den Bereich des Journalismus eingebettete Polit-Kunst-Karikatur im Hinblick auf die arabisch-islamische Welt als eine stark polemisierende und stereotype ›Bildwaffe‹ mit propagandistischen Zügen, die hauptsächlich auf das eigene zivilisatorische Überlegenheitsgefühl abzielt.«

Karikaturen dienen der Freiheitserweiterung, sowohl in der Beziehungs- als auch in der Inhaltsebene. Sie sind, so Jupp Wolter, einer der Verdienten der Zunft, »neben der Fotografie und der Sonntagsmalerei spätberufener Großmütter heute die einzige Kunst, die noch allgemeinverständlich darstellen kann, was sie meint«. In der Tat, die Karikatur, nach Theodor Heuss »Orchesterbegleitung zum Stück auf der Weltbühne«, gibt, wenn sie gut ist, keine Rätsel auf. Zwischen zwei U-Bahn-Stationen kann sie gelesen und begriffen sein. Auch wenn der Mensch als Fragezeichen ihr eigentlicher Inhalt ist. Aristophanes, Terenz, Cervantes, Molière, Jean Paul oder Christian Morgenstern sind meine Zeugen.

Walther Keim

»Euphorie«

Fall der Mauer
am 9. November 1989

1989, 40 Jahre nach der deutschen Teilung, kommt die deutsche Frage erneut auf die Tagesordnung der Weltpolitik und damit auch bei den ausländischen Karikaturisten. Zunächst richtet sich das Augenmerk der ausländischen Presse auf die Entwicklung im Ostteil Deutschlands. Das Regime in Ost-Berlin bereitet glanzvolle Veranstaltungen zum 40. Jahrestag der DDR-Gründung vor. Zur selben Zeit kehren viele DDR-Bürger ihrem Staat den Rücken. Zigtausende fliehen in die Bundesrepublik. In der DDR wird die Opposition gegen das Regime immer stärker. Schließlich gehen Hunderttausende auf die Straßen und fordern grundlegende Reformen des Systems. Diese Demonstrationen werden von der DDR-Regierung ignoriert oder bagatellisiert. Die Jubiläumsfeierlichkeiten werden unbeirrt »nach Plan« durchgeführt.

Proletarier aller Länder vereinigt euch
Zbigniew Ziomecki (Polen),
November 1989

In Costa Rica kommentiert Arcadio die Isolation der Machthaber der DDR. In Norwegen erinnert Roar Hagen an den Satz, den Michail Gorbatschow sinngemäß am Rande der Feierlichkeiten vor der Fernsehkamera sagt: »Wer zu spät kommt, den straft das Leben.« Erich Honecker – wie in einer Mauerzelle mit Stacheldraht abgeschottet – möchte von derartigen Ratschlägen nichts wissen. Die Agonie des Regimes setzt der österreichische Karikaturist Martin Menzl in Bezug zur Jahreszeit. Der alternde Erich Honecker wird im Herbst 1989 machtloser Zeuge des Untergangs des Kommunismus auf deutschem Boden. Das Ende des deutschen »Arbeiter- und Bauernstaats« deutet sich an.

Der Monat August wird zum Monat der Massenflucht, Ungarn für die Ostdeutschen zum Transitland. Die ganze Welt begrüßt lebhaft den Beschluss der ungarischen Regierung, am 11. September 1989 die Grenze zu Österreich zu öffnen. Ausländische Beobachter freuen sich darüber, dass die DDR-Flüchtlinge nun endlich den »Eisernen Vorhang«

überwinden können. Die Freude der Menschen aus der DDR über ihre Ankunft in der »freien Welt« wird überall geteilt.

Verzweifelte DDR-Bürger suchen auch auf anderen Wegen die Freiheit. Die Besetzungen der Botschaften der Bundesrepublik in Prag und Warschau sind für viele der letzte dramatische Versuch, die Ausreise zu erzwingen. Im September 1989 erteilt Ost-Berlin nach zähen Verhandlungen mit der Bundesregierung Ausreisegenehmigungen – ein grotesker Widerspruch, den ausländische Karikaturisten fantasievoll aufspießen.

In der DDR werden die Proteste gegen das Regime lauter. Der Unmut der in der DDR eingeschlossenen Menschen wird zu Mut. Die Opposition wagt den Schritt aus dem Untergrund in die Öffentlichkeit. Hunderttausende Teilnehmer der großen Demonstrationen in Leipzig, Halle, Dresden und Ost-Berlin artikulieren ihre Anliegen auf Spruchbändern: »Das Volk sind wir – gehen sollt ihr«, »Die Demokratie in ihrem Lauf halten auch nicht Ochs und Esel auf«. Diese eindrucksvollen, dem bedrohlichen Polizeiaufgebot trotzenden Proteste werden im Ausland durchweg mit Sympathie und Verständnis, aber auch mit Besorgnis verfolgt. Unter dem Eindruck dieser Ereignisse entscheidet sich die SED-Führung, Erich Honecker abzusetzen.

Egon Krenz – einst »Kronprinz« Erich Honeckers – wird neuer Parteivorsitzender. Die SED versucht zu retten, was nicht zu retten ist. Egon Krenz appelliert in seiner Fernsehansprache am 18. Oktober 1989 an die Bür-

ger: »Wir brauchen Sie ... Stellen Sie sich mit uns den Aufgaben der weiteren Stärkung des Sozialismus.« Die ausländischen Kommentatoren haben keine Zweifel: Das Ansehen von Krenz in der DDR-Bevölkerung ist äußerst gering. Seine Regierungszeit endet bereits nach zwei Monaten.

»Das deutsche Volk war in der Nacht zum Freitag das glücklichste der Welt.« Diese spontane Äußerung des Regierenden Bürgermeisters von Berlin, Walter Momper, über die Nacht vom 9. auf den 10. November 1989, korrespondiert mit den ersten Reaktionen im Ausland. An diesem Tag erzwingen die Menschen in der DDR die Öffnung der Grenze. Auslöser des »Mauerfalls« ist eine Bekanntmachung über die Reisefreiheit für die DDR-Bürger. Fast beiläufig verliest Günter Schabowski, Mitglied des Politbüros der SED, diese entscheidenden Sätze in einer Pressekonferenz am 9. November im DDR-Fernsehen. Karikaturisten wie der Engländer Bill Caldwell spotten über die Art und Weise, wie diese wichtige Entscheidung verkündet wurde.

Die Nachricht vom Fall der Mauer verbreitet sich wie ein Lauffeuer. An der Grenze spielen sich unvorstellbare Freudenszenen ab. Bereits in der ersten Nacht stürmen Tausende Ost-Berliner die Sektorenübergänge. Die Bürger aus dem Ostteil der Stadt werden von West-Berlinern begeistert empfangen. Der Kurfürstendamm verwandelt sich in einen nächtlichen Corso. Auf der Mauer am Brandenburger Tor – bis dahin unvorstellbar – stehen jubelnde Menschen. Die DDR-Bürger setzen einfach um, was sie um

19 Uhr im Fernsehen hörten. Am 12. November wird die Mauer am Potsdamer Platz durchbrochen. Auch dieses historische Ereignis wird vom Jubel der Menge begleitet.

Binnen drei Tagen nach Öffnung der innerdeutschen Grenze kommen über drei Millionen DDR-Bürger in die Bundesrepublik oder nach West-Berlin. Viele, besonders die grenznahen Städte werden buchstäblich überrollt. Unzählige Trabis und Wartburgs auf den Straßen der Bundesrepublik werden zum Symbol der neuen Reisefreiheit – das Kennzeichen »DDR« wird zum »D«.

Der Fall der Mauer wird auf der ganzen Welt mit Sympathie und Begeisterung kommentiert. Die Karikaturisten vergleichen die Ereignisse mit dem Öffnen einer Konservendose, eines Käfigs oder einer Gefängniszelle, aus der die Gefangenen endlich in die »frische Luft« der Freiheit und der Demokratie entlassen werden. Zbigniew Ziomecki aus Polen weist ironisch darauf hin, dass erst mit dem Fall der Mauer der Aufruf der Kommunisten »Proletarier aller Länder vereinigt euch« erfüllt werde.

Die ausländischen Kommentatoren teilen die in Deutschland herrschende Euphorie, sehen die Grenzöffnung als Sieg des Volkes gegen einen unmenschlichen Staatsapparat, als Beginn einer neuen Ordnung Europas und der Welt.

Grzegorz Leszczynski

Jean-François Batellier (Frankreich),
»Vendredi«, September 1989
Sozialistisches Paradies,
ungarische Vorhölle,
kapitalistische Hölle

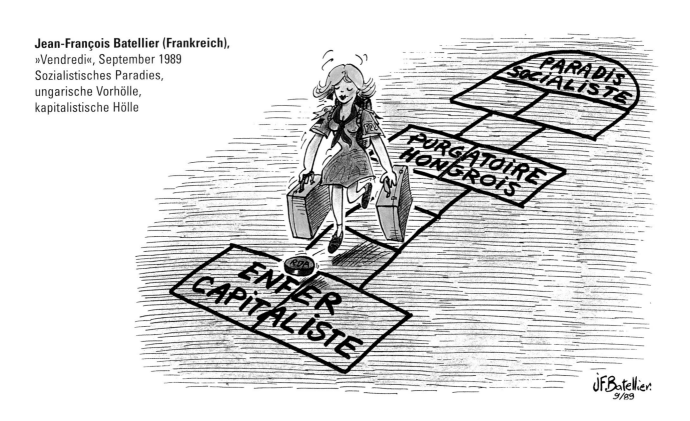

West – Ost
Thierry de Montvalon (Schweiz),
»Le Matin«, 4.10.1989

22

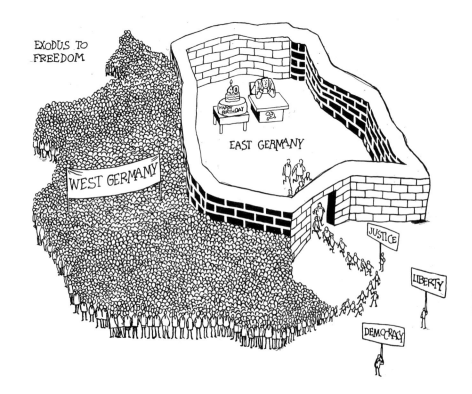

Exodus to Freedom
Esquivel Arcadio (Costa Rica),
»La Nacion«, Oktober 1989,
Flucht in die Freiheit
Auf den Transparenten:
Gerechtigkeit, Freiheit, Demokratie

Roar Hagen (Norwegen),
»Verdens Gang«, 5.10.1989

Herbst
Martin Menzl (Österreich),
»Neue Kronenzeitung«, 11.10.1989

Raymond Burki (Schweiz),
»24 heures«, 14.10.1989

»New leader? Just like the old one – a bit of a drag.«
Bill Caldwell (Großbritannien),
»Daily Star«, 20.10.1989,
»Der neue Staatschef? Genau wie
der alte – ein Klotz am Bein.«

Glasnost
Nico Visscher (Niederlande),
»Niewsblad van het Norden«,
November 1989

R – Démocratique Allemande
Jean-François Batellier (Frankreich),
November 1989,
D – Demokratische Republik

Jean-François Batellier (Frankreich)
Oktober 1989,
Auf den Transparenten im Uhrzeigersinn:
Einheit, Freiheit, Nieder mit der Bürokratie, Wohnungen, Mehr Wurst, Rechtsstaat, Nieder mit der Stasi,
Recht und Gerechtigkeit, Pluralismus, Genug, 40 Jahre sind genug, Solidarität, Schnell!, Reformen, Gorbi, Glasnost,
Perestroika, Veränderung, DM!, Gorbi, hilf uns, Reisen!, Freie Wahlen, Stalinismus kaputt
Auf der Mauer: Schallschutzmauer

The Berlin Wall
Michael Cummings (Großbritannien),
»Daily Express«, 20.10.1988,
Berliner Mauer

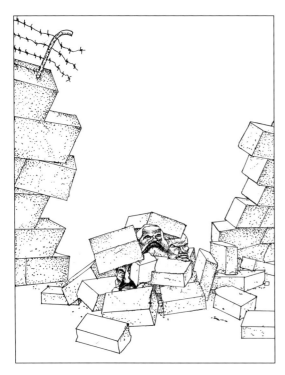

Finn Graff (Norwegen),
»Dagbladet«, 18.11.1989

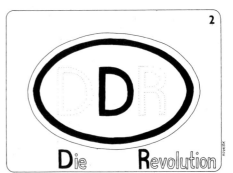

Ivan Kovacik (Slowakei),
1990

R.D.A. – DE L´AIR
Jean-François Batellier (Frankreich),
Oktober 1989
DDR – Endlich Luft

»Mein Gott!
Don´t you watch television?«
Bill Caldwell (Großbritannien),
»Daily Star«, 10.11.1989,
»Mein Gott!
Gucken Sie denn kein Fernsehen?«

Willkommen!
Jacob Shiloh (Israel),
»Ma´ariv«, 12.11.1989

Lubomir Kothra (Slowakei),
1990

»Viertes Reich?«

Deutschlands Stellung
in Europa und der Welt

Mit der Freude über den Fall der Mauer und die Beseitigung der SED-Diktatur verbinden sich bald auch skeptische Kommentare. Ausländische Beobachter befürchten ein politisch und wirtschaftlich übermächtiges Deutschland. Dieses Echo findet sich vor allem in den Ländern, die während des Zweiten Weltkriegs von Deutschland besetzt waren und unter der Hitler-Tyrannei besonders gelitten haben. Doch auch anderswo mischt sich Skepsis in die Euphorie über den Zusammenbruch der kommunistischen Regime. Was wird aus Deutschland werden?

Insbesondere israelische Kommentatoren beobachten die Entwicklung in Deutschland mit besonderer Sensibilität und stehen der Annäherung der beiden deutschen Teilstaaten zurückhaltend gegenüber. In einer Zeichnung des bekannten israelischen Karikaturisten Ya'acov

March of the Fourth Reich
Bill Caldwell (Großbritannien),
»Daily Star«, 20.2.1990,
Der Marsch des Vierten Reichs

Farkas (ZE'EV), die wenige Tage nach dem Fall der Mauer in der Zeitung »Ha'aretz« erscheint, wird die Vereinigung Deutschlands sogar zum Alptraum.

Unter Freunden treten Meinungsverschiedenheiten oftmals deutlicher zutage, sie äußern ihre gegenseitigen Einschätzungen offen und ungeschminkt. Erklärt dies die besonders scharfen Stellungnahmen mancher englischer Karikaturisten? In einer Zeichnung des Engländers Bill Caldwell wird das vereinigte Deutschland zum marschierenden Wehrmachtsoldaten: »Der Marsch des Vierten Reichs«.

Für besondere Schlagzeilen sorgt im Juli 1990 ein Interview der britischen Zeitschrift »The Spectator«. Der britische Handels- und Industrieminister des Thatcher-Kabinetts, Nicholas Ridley, äußert sich sehr abfällig über die Rolle der Deutschen in Europa: Die Deutschen seien nur mit Maßstäben von gestern zu begreifen. Das Echo des Karikaturisten Nicholas Garland im »Spectator« auf die Beleidigung ist so scharf wie diese selbst: Ridley wird als Wandschmierer dargestellt, der Kanzler Kohl den Schnurrbart Hitlers anmalt. Ridley muss zurücktreten. Kenner der britischen Verhältnisse bringen diesen Rücktritt mit der Karikatur Garlands in Verbindung, der »Telegraph« behauptet sogar, die Karikatur habe »dem Minister seine Entlassung gebracht«. Die mehrheitliche Meinung der Bürger in Großbritannien ist viel besser als die Botschaft der Karikaturen: Meinungsumfragen aus dem Jahre 1989 zeigen deutlich, dass das Deutschlandbild der meisten Briten keineswegs mehr von der Nazi-Vergangenheit der Jahre 1933 bis 1945 geprägt ist.

Mit den Befürchtungen, die schlimmsten Zeiten der deutschen Vergangenheit könnten wieder aufleben, erwachen auch Ängste vor einem neuen deutschen Expansionismus. Anlass zu Irritationen im Ausland gibt besonders die Diskussion über die Oder-Neiße-Grenze. Die Bundesrepublik vertritt den Rechtsstandpunkt, nur im eigenen Namen handeln zu können: Die endgültige Anerkennung der Grenze müsse einem gesamtdeutschen Staat vorbehalten bleiben. Dies löst bei manchen ausländischen Betrachtern Sorgen vor einem revanchistischen Deutschland aus und führt bei einigen Karikaturisten zu sehr drastischen Zeichnungen.

Die veröffentlichte Meinung im Zerrspiegel der Karikaturen steht jedoch im Gegensatz zum Handeln der ausländischen Regierungen. Die meisten unterstützen schließlich die Vereinigung Deutschlands. Am 12. September 1990 unterzeichnen die Außenminister der Sowjetunion, der Vereinigten Staaten, Großbritanniens, Frankreichs, der Bundesrepublik und der DDR den »2-plus-4-Vertrag«. Darin wird die Oder-Neiße-Grenze anerkannt, die Bundesrepublik erhält die volle Souveränität, letzte Vorbehalte der ehemaligen Siegermächte werden aufgehoben.

Der »2-plus-4-Vertrag«, eines der bedeutendsten Abkommen der Nachkriegsgeschichte, inspiriert den Neuseeländer Laurence Clark zu seiner Zeichnung »Die Lotsen gehen von Bord«. Er benutzt hierbei die berühmte Karikatur des Briten John Tenniel zur Entlassung Bismarcks durch Kaiser Wilhelm II. im Jahre 1890 als Vorlage. Bismarcks Rücktritt löste im Ausland große Besorgnis aus und wurde als Gefahr für die Friedenssicherung in Europa gewertet. Clark stellt damit die Frage nach dem künftigen Kurs Deutschlands und, ob das Schiff erneut Schiffbruch erleiden könnte.

Der französische Karikaturist Louis Mitelberg (Tim) verwendet in seiner Zeichnung zur heutigen Position Deutschlands das berühmte Symbol des Brandenburger Tors. Das klassizistische Bauwerk in der Mitte Berlins hat in seinem Symbolgehalt zahlreiche Bedeutungswandel erfahren. Ursprünglich als triumphales Stadttor gebaut, wurde es später zusammen mit der Quadriga zum preußischen Nationaldenkmal aufgewertet. In der Weimarer Republik galt es weniger als politisches Symbol denn als bewusst gepflegtes Wahrzeichen Berlins. Anschließend unterwarfen es die Nationalsozialisten propagandistischen Zwecken bis es in der Nachkriegszeit sowohl Sinnbild der Teilung als auch Symbol der Einheit wurde. Mitelberg setzt den internationalen Prozess der Vereinigung ins Bild: Helmut Kohl lenkt in der Pose von Victoria die Quadriga auf dem

Brandenburger Tor und hat die Alliierten bildlich »vor seinen Karren gespannt«.

Nicht nur Skepsis, auch Hoffnungen verknüpfen sich mit der Vereinigung Deutschlands. Nicht von ungefähr bestehen diese Hoffnungen besonders im Osten Europas. Erwartungen richten sich vornehmlich auf wirtschaftliche Hilfe beim Umbau der zusammengebrochenen Staatswirtschaften. Deutschland erfüllt diese Erwartungen z. B. durch das Milliardenprojekt zur Errichtung von Wohnungen in Russland für die ehemals in Deutschland stationierten russischen Soldaten. Der russische Karikaturist Motchalov zeichnet in Anlehnung an die amerikanischen und britischen »Rosinenbomber« während der Berliner Blockade 1948/49, welche die Bevölkerung Berlins mit Hilfsgütern versorgten, einen »Wurstbomber«. Er dient als Sinnbild für die deutschen Hilfslieferungen nach Russland, die von der Bevölkerung freudig begrüßt werden: »›Luftganza‹ is comming ...«.

Anne Katrin Flohr

Louis Mitelberg (Frankreich),
»L'Express«, 22.12.1989

35

Ya'acov Farkas (Israel),
»Ha'aretz«, 13.11.1989

Nicholas Garland (Großbritannien),
»The Spectator«, 14.7.1990,
Figur mit Farbeimer: Nicholas Ridley

38

King Kohl
Ricardo Martinez (Spanien),
»El Mundo«, 19.9.1992

Een Boek met Zeven Zegels
Fritz Behrendt (Niederlande),
»De Telegraaf«, Mai 1990,
Ein Buch mit sieben Siegeln
Titel des Buches:
»Die Westgrenze von Polen«

Roar Hagen (Norwegen),
»Verdens Gang«, 5.3.1990

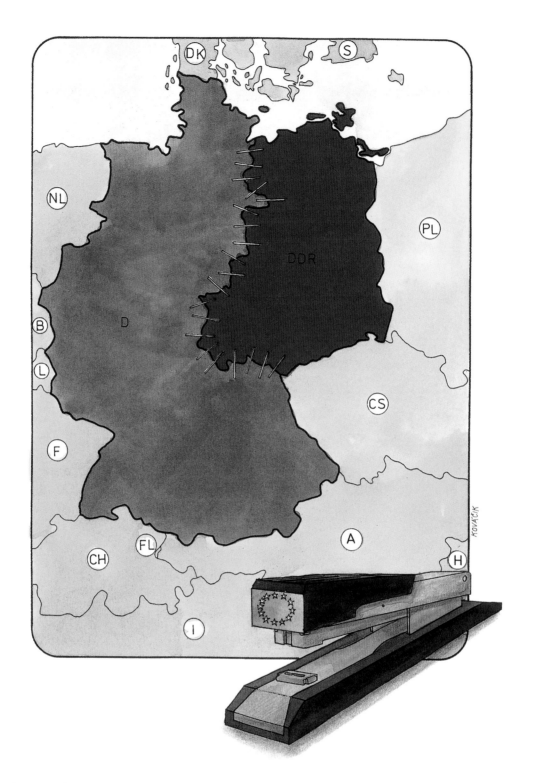

Ivan Kovacik (Slowakei),
1992

Dropping the Pilot
John Tenniel (Großbritannien),
»Punch«, 29.3.1890,
Der Lotse geht von Bord

DROPPING THE PILOT.

Dropping the Pilots
Laurence Clark (Neuseeland),
»New Zealand Herald«, 4.10.1990,
Die Lotsen gehen von Bord

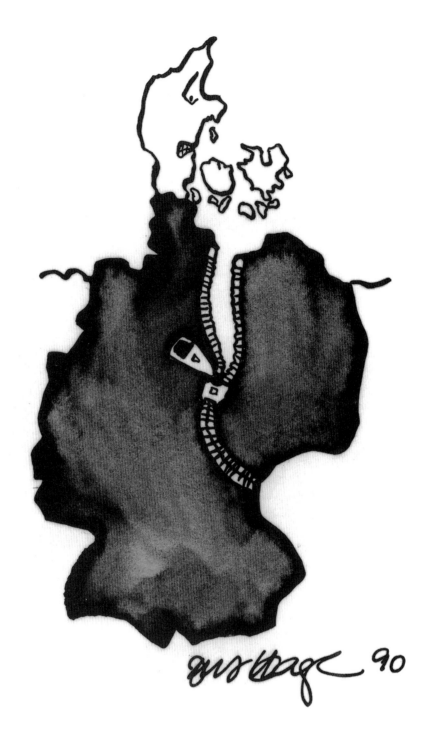

Genforening
Jens Hage (Dänemark),
»Berlingske Tidende«, 11.3.1990,
Wiedervereinigung

»›Luftganza‹ is comming ...«
Vladimir Motchalov (Russland),
»Krokodil«, 1992,
»Die Lufthansa kommt ...«

Arend van Dam (Niederlande),
»EGO«, Januar 1990

Jugoslav Vlahovic (Jugoslawien),
Mai 1994

»Hochzeit«

Auf dem Weg
zur deutschen Einheit

Nach dem überraschenden Fall der Mauer am 9. November 1989 stellt Bundeskanzler Helmut Kohl noch im selben Monat dem Bundestag seinen Zehn-Punkte-Plan vor. Er enthält Vorschläge zur Schaffung »konföderativer« Strukturen und zur Errichtung einer »bundesstaatlichen Ordnung« in Deutschland. Der kühne und weitsichtige Vorschlag kommt für ausländische Regierungen allerdings so unerwartet, dass er reservierte, skeptische, sogar ablehnende Reaktionen hervorruft.

Zwischen dem spektakulären Mauerfall und dem Tag der deutschen Einheit vergehen elf Monate – wie im Flug und voller Ereignisse. Ausländische Presseberichte und Karikaturen konzentrieren sich auf drei Aspekte: die Währungsunion, die Vereinigung der beiden Staatssysteme und den 3. Oktober 1990, den Tag der deutschen Einheit.

Jacek Frankowski (Polen),
»Tygodnik Solidarnosc«, Oktober 1990

Die Währungsunion ist einer der strittigsten Diskussionspunkte. Viele ausländische Beobachter sehen in ihr eine Gefahr für die wirtschaftliche und finanzielle Stabilität der Bundesrepublik. Aus anderer Perspektive erscheint die Währungsunion als Lockmittel für die Menschen in der DDR, die sich von der Aussicht auf eine »harte Währung« blenden lassen.

Die enormen Schwierigkeiten, zwei so grundverschiedene Staats- und Wirtschaftssysteme zu vereinen, rufen im Ausland zahlreiche Reaktionen hervor. Hans Modrow, der letzte SED-Regierungschef, appelliert im Februar 1990 an die Bundesregierung, einen »kurzfristigen solidarischen Beitrag« an die DDR zu leisten, um den katastrophalen Zustand der DDR-Wirtschaft zu lindern. Dieses Eingeständnis spiegelt die im Ausland verbreitete Meinung wider, die ostdeutsche Wirtschaft befinde sich in einem desolaten Zustand. Das Zusammenfinden der »ungleichen Brüder« scheint mit zahlreichen, schwer lösbaren Problemen verbunden. In vielen Karikaturen wird gefragt, wie rückständige Fabrikate aus der DDR den Vergleich mit Produkten »Made in West Germany« bestehen können. Beliebtes Karikaturenmotiv für die ungleichen Wirtschaftspotenziale ist das Automobil. Was könnte den Gegensatz deutlicher ins Bild setzen als ein vom Mercedes träumender Trabant?

Als ein weiteres wichtiges Problem der angestrebten Vereinigung gilt den ausländischen Betrachtern die Finanzierung des Vereinigungsprozesses. Im Mai 1990 beschließen die Regierungen der Bundesländer und die Bundesregierung die Einrichtung des Fonds »Deutsche Einheit«, in dem bis Ende 1994 den neuen Bundesländern 115 Milliarden DM zur Verfügung gestellt werden sollen. Die Zusicherung des Bundeskabinetts, die hohe Staatsverschuldung ohne zusätzliche Steuererhöhungen finanzieren zu können, stößt vielerorten auf Skepsis. Sie wird manchmal als »Mogelpackung« kritisiert. Die Kosten für die Verwirklichung der deutschen Einheit werden auch als potentielle Bedrohung für die Bundesrepublik angesehen. Im Ausland wird die dominierende Position der Bundesrepublik bei den Verhandlungsgesprächen mit der DDR kritisch registriert. Diese resultiert nach Meinung ausländischer Kommentatoren aus der Stärke der D-Mark und der Leistungsfähigkeit der westdeutschen Industrie. Zudem siedeln täglich Menschen von Ost nach West über, alle Verhandlungen stehen unter Zeitdruck.

Erst mit der Einführung der Währungsunion ebbt diese Welle von Übersiedlern merklich ab. Das Inkrafttreten des Staatsvertrags über die Wirtschafts-, Währungs- und Sozialunion am 1. Juli 1990 ebnet den Weg zur deutschen Einheit. Am 31. August unterzeichnen Bundesinnenminister Wolfgang Schäuble und DDR Staatssekretär Günther Krause den »Vertrag über die Herstellung der staatlichen Einheit Deutschlands«.

Am 3. Oktober 1990, dem ersten Tag der Einheit eines souveränen deutschen Staats nach dem Ende des Zweiten Weltkriegs sagt Bundeskanzler Helmut Kohl während des Staatsakts in der Berliner Philharmonie: »Deutschland ist unser Vaterland, das vereinte Europa unsere Zukunft.« Nicht nur in Europa, sondern in der ganzen Welt überwiegt die Freude an diesem Tag. DDR und Bundesrepublik wachsen zusammen. Viele Karikaturisten interpretieren diesen Tag als Hochzeitstag – ein beliebtes Karikaturenmotiv – die Staatschefs werden Braut und Bräutigam. Ausländische Kommentatoren sehen in der Bundesrepublik den bestimmenden Partner in dieser Beziehung. Das Glücksgefühl der frisch »Vermählten« kann nach Meinung des Auslands nicht darüber hinwegtäuschen, dass die Ehe ein komplizierter Gleichgewichtsakt sein werde.

Beinahe alle Karikaturisten sehen in der Person von Bundeskanzler Kohl den Mann, der die Wiedervereinigung im Alleingang verwirklicht hat: Helmut Kohl steht im Mittelpunkt vieler Karikaturen. Einige sehen in ihm den glücklichen Bräutigam, liebevollen Vater oder gar die »Prinzessin« aus dem Märchen vom »Froschkönig«. Auch die Karikaturisten erkennen auf ihre bildhaft-verzerrende Weise seine Leistung an, sie identifizieren Helmut Kohl mit der deutschen Einheit.

Grzegorz Leszczynski

**»Aber nicht zu
diesem Fahrpreis!«
Hans Geisen (Schweiz),**
»Basler Zeitung«, 3.4.1990

Nico Visscher (Niederlande),
»Nieuwsblad
van het Norden«, 1990

Lido Contemori (Italien),
»La Repubblica«, 7.10.1990

51

Ivan Kovacik (Slowakei),
1991

Tom Janssen (Niederlande),
»Gemeenschappelijke
Persdienst«, Februar 1990

Colin Wheeler (Großbritannien),
»Independent on Sunday«, 1.7.1990

Arend van Dam (Niederlande),
4.4.1994

54

Raymond Burki (Schweiz),
»24 heures«, 25.3.1990

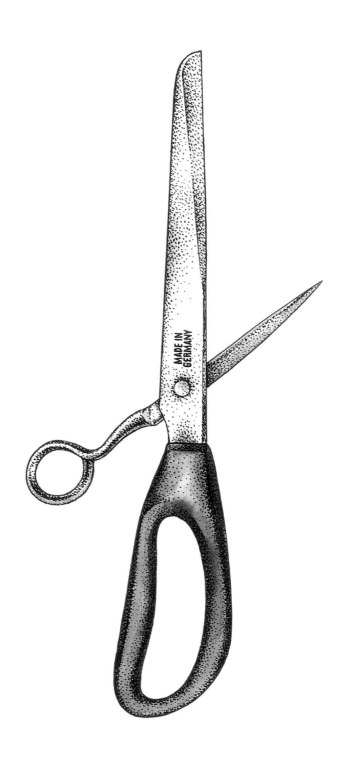

Made in Germany
Jugoslav Vlahovic (Jugoslawien),
»NIN«, 6.11.1992

Moshik Lin (Israel),
»Davar«, 3.7.1990

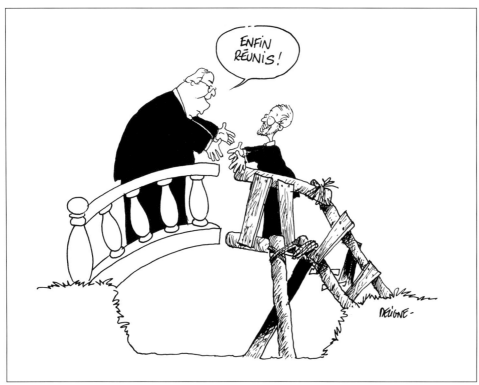

„Enfin réunis!"
Frédéric Deligne
(Frankreich),
»Images de la
Caricature«, 3, 1991,
»Endlich wiedervereinigt!«

Bernhard Willem Holtrop (Frankreich),
»Libération«, 29.11.1989

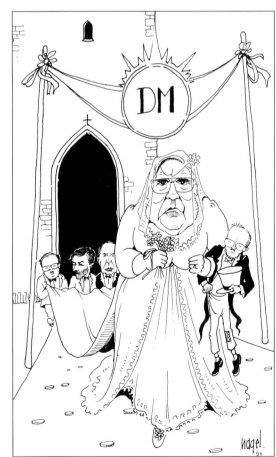

Edwin Nagels (Belgien),
»De Standaard«, 1990

António Calado da Maia (Portugal),
»A Capital«, 2.10.1990

60

Milen Radev (Bulgarien),
»Starschel«, November 1990

Per Elvestuen (Norwegen),
»Dagens Næringsliv«, Dezember 1991

POLITIKEN 16/2-90

Bo Bojesen (Dänemark),
»Politiken«, 16.2.1990,
Kohl: »Die Wiedervereinigungsverhandlungen
zwischen Bundesrepublik und DDR enthalten
viele gefühlsbeladene Momente«;
Genscher: »Wir sind verspätet, Herr Kanzler«.

Finn Graff (Norwegen),
»Dagbladet«, 5.12.1990

»Alltag«

Die Bundesrepublik Deutschland nach der Vereinigung

Nach der »Hoch-Zeit« kommt für das vereinigte Deutschland der »Alltag«: Die Lösung zahlreicher praktischer Probleme und Aufgaben steht an. Das Zusammenwachsen zweier so unterschiedlicher Gesellschaftssysteme bringt große Herausforderungen mit sich.

Das Interesse des Auslands am künftigen Weg des neuen Deutschland ist unvermindert. Zeigten sich in den Karikaturen vor der Vereinigung vielfach Ängste vor einer neuen Großmacht in Europa, so rückt jetzt die wirtschaftliche und soziale Situation in den neuen Bundesländern in den Vordergrund. Könnten die mit der deutschen Vereinigung verbundenen Herausforderungen und Probleme Deutschland überfordern und ganz Europa in eine wirtschaftliche Talfahrt stürzen?

Die Plage
Milen Radev (Bulgarien),
»Literaturen Forum« 1992

Die Befürchtungen einer gesamteuropäischen Krise entzünden sich besonders im Zusammenhang mit den Turbulenzen im Europäischen Währungssystem (EWS) im September 1992. Ausländische Stimmen machen die Hochzinspolitik der Deutschen Bundesbank verantwortlich für die schwerste Krise des EWS seit seiner Gründung 1979. Das Verhalten der Bundesbank gilt darüber hinaus manchen als Ausdruck eines wiedererwachten deutschen Dominanzstrebens.

Auch die deutsche Außenpolitik findet im Ausland kritische Kommentare. Gefordert wird beispielsweise ein stärkeres Engagement der Bundesrepublik beim Einsatz in internationalen Krisengebieten. Viele kritisieren, dass sich Deutschland nicht am militärischen Vorgehen gegen den irakischen Präsidenten Saddam Hussein im Golfkrieg 1991 beteiligt habe. Vorgeworfen wird Deutschland auch seine zögerliche Mitwirkung an friedenschaffenden Einsätzen unter dem Mandat der Vereinten Nationen. Dies gilt insbesondere für den Einsatz der UNO in Somalia.

Heftig reagierte vor allem die israelische Presse auf Berichte über deutsche Waffenlieferungen an den Irak und Libyen. Der israelische Karikaturist Shiloh wirft in der Zeitung »Ma'ariv« der deutschen Israel-Politik »Doppelgesichtigkeit« vor: Einerseits trauerten die Deutschen über die Opfer des Holocaust, andererseits lieferten sie Waffen an den Irak.

Besonderes Augenmerk gilt den innenpolitischen Problemen des vereinigten Deutschland. Hierzu zählen vor allem der Umgang mit der Stasi-Vergangenheit sowie die Schwierigkeiten, eine gemeinsame Identität von »Ossis« und »Wessis« zu entwickeln. Der dänische Karikaturist Kurt Westergaard greift diese Problematik sogar »buchstäblich« auf: Er zeichnet für die Zeitung »Jyllands-Posten« eine »Mauer in unseren Köpfen«, die die Menschen im Osten und Westen Deutschlands voneinander trennt.

Im Zentrum ausländischer Kommentare zu innenpolitischen Fragen stehen Rechtsradikalismus und Ausländerfeindlichkeit. Die Entstehung ausländerfeindlicher Organisationen und die zum Teil beachtlichen Stimmengewinne rechtsextremer Parteien bei Landtagswahlen werden mit Sorge vermerkt. Ausschreitungen und Anschläge auf Ausländerwohnheime wie im September 1991 in Hoyerswerda lösen schlimmste Befürchtungen aus. Im Jahr 1992 eskalieren die fremdenfeindlichen Gewalttaten in Deutschland: Die Krawalle um die zentrale Aufnahmestelle für Asylbewerber in Rostock im August 1992 unter Beifall zahlreicher Schaulustiger, die Brandanschläge von Mölln und Solingen im November 1992 und Mai 1993, denen in Deutschland lebende Türken zum Opfer

fielen, führen zu einer dramatischen Verdunkelung des Deutschlandbilds im Ausland.

Die fremdenfeindlichen Ausschreitungen bewirken indes bald auch innerhalb Deutschlands eine starke Gegenbewegung. Weite Teile der Bevölkerung beteiligen sich an Demonstrationen, Lichterketten und Konzerten gegen Ausländerhass. Dies ändert an den Reaktionen ausländischer Kommentatoren jedoch nur wenig: Sie erinnern an die schlimmste deutsche Vergangenheit und ziehen – für die große Mehrheit der Bevölkerung äußerst bedrückend – Parallelen zwischen der Gewalt gegenüber Ausländern im vereinigten Deutschland und dem Rassenwahn der Nationalsozialisten.

Bei aller Schärfe der ausländischen Kritik gibt es jedoch auch Stimmen, die diese Vorgänge nicht als spezifisch deutsches Problem interpretieren, sondern sie in den Gesamtzusammenhang der europaweiten Probleme der Einwanderung von Flüchtlingen stellen.

Anne Katrin Flohr

Jacob Shiloh (Israel),
»Ma'ariv«, 22.4.1990

Deutschland 1941 – 1991
Dave Gaskill (Großbritannien),
»Today«, 21.1.1991,
Allies: die Alliierten; auf dem Paket:
Waffen-Expertise und Chemikalien,
Export in den Irak

LEGACY

Legacy
Patrick Oliphant (USA),
1994
Erbschaft

Germania – Immigrati
Vauro Senesi (Italien),
»Il Manifesto«, 4.6.1993,
Deutschland – Immigranten
In der Sprechblase: »Wir machen zu!«

Ein Jahr Einheit
Oliver Schopf (Österreich),
»Der Standard«, 5.10.1991

Wiedererstarkter Deutschmeistergeist

Wiedererstarkter Deutschmeistergeist
Hans Ulrich Steger (Schweiz),
»Tagesanzeiger«, 22.2.1992

Himmel auf Erden
Martin Menzl (Österreich),
»Neue Kronenzeitung«, 27.3.1991,
»Sieh mich an! Du hast mir mal
den Himmel auf Erden versprochen ...«

Tom Janssen (Niederlande),
»Trouw«, 2.4.1990

Poul Erik Poulsen (Dänemark),
»Jyllands-Posten«, 12.9.1992,
Westdeutschland – Ostdeutschland

Das deutsche Janus-Gesicht
Kurt Westergaard (Dänemark),
»Jyllands-Posten«, 13.4.1991

3 OCTOBRE 1990

»Adler-Galerie«

Der Bundesadler im Visier der Karikaturisten

Amerikas »Uncle Sam«, Frankreichs »Marianne«, Großbritanniens »John Bull« und der deutsche »Michel« am Konferenztisch – so könnte ein Karikaturist ein Gipfeltreffen in Szene setzen. Der deutsche Michel, der seinen Namen vom Nationalheiligen Michael ableitet, symbolisiert mit Zipfel- oder Schlafmütze den unpolitischen Deutschen seit Anfang des 19. Jahrhunderts.

Unter den insgesamt fast 1000 Karikaturen, die für dieses Ausstellungsprojekt aus aller Welt zusammengetragen wurden, findet sich der deutsche Michel selten. Deutschland und die Deutsche Nation verkörpert vor allem der damalige Bundeskanzler. Gäbe es neben der nationalen Hitliste, die Walther Keim jährlich bis 1998 veröffentlichte, internationale Charts der meistgezeichneten deutschen Politiker, Helmut Kohl stände unangefochten und mit

3 Octobre 1990
Jacques Bellenger (Frankreich),
»Vendredi«, November 1990,
3. Oktober 1990

großem Vorsprung an der Spitze. Die zentrale Rolle des Bundeskanzlers im Prozess der deutschen Vereinigung und die damit verbundene weltweite Medienpräsenz fördern die internationale Bekanntheit.

Gewiss hat Ironimus, der Wiener Karikaturist Gustav Peichl, klar genug hervorgehoben, dass es »schlimm für einen Politiker ist, karikiert zu werden, noch schlimmer aber, nicht karikiert zu werden«. Dass Karikaturen gelegentlich jedoch auch in moralische und ästhetische Grenzbereiche vordringen, kann keine Auswahl verheimlichen.

Vom Atlantik bis zum Ural, von Nordeuropa bis Sizilien ist auch der Bundesadler im Visier der Karikaturisten. Sogar außerhalb Europas – in Amerika, Australien, Asien und Afrika – taucht der Adler nicht nur am Horizont auf, sondern in der Bildmitte, ja bildfüllend. Insgesamt ca. 10 Prozent aller vorliegenden Karikaturen verwenden dieses Motiv. Kein Wunder, der Bundesadler ist international bekannt: Auf den deutschen Grenzschildern, auf den Amtsschildern der diplomatischen und konsularischen Vertretungen im Ausland, auf der Flagge des Bundespräsidenten bei Staatsbesuchen, aber auch auf den Trikots der Sportnationalmannschaften findet sich der deutsche Bundesadler. Jede Übertragung aus dem Deutschen Bundestag »transportiert« ihn rund um die Welt, da auch an der Stirnseite des Plenarsaals ein Adler angebracht ist.

Der Adler ist ein Wappenzeichen mit Tradition. Bereits das Heilige Römische Reich Deutscher Nation kannte den Adler als Wappentier. Der Deutsche Bund übernahm 1848 den Doppeladler. Das Kaiserreich führte 1871 den einköpfigen, schwarzen und nach rechts sehenden Adler mit rotem Schnabel, Zunge und Klauen ein. Das Bundeswappen in der heutigen Form entstand in der Weimarer Republik.

Entsprechend häufig ist auch die Verwendung des Bundesadlers in der internationalen Ka-

rikatur. Er findet sich als Motiv in allen Themenbereichen der »Deutschlandbilder«. Dies verlangt nicht nur eine Interpretation, sondern erlaubt auch einen Blick in das zeichnerische »Arsenal« der Karikaturisten.

Freude über den Fall der Mauer spiegelt beispielsweise eine Karikatur des norwegischen Zeichners Roar Hagen wider. Größe und Stärke des Bundesadlers, der in dieser Zeichnung die Berliner Mauer zum Bersten bringt, veranschaulichen die Kraft der freiheitlichen Bundesrepublik Deutschland.

Mit der Vereinigung verbinden sich Befürchtungen, ja sogar irrationale Ängste vor einer neuen Großmacht Deutschland. Der Adler wandelt sich vielfach von einem Symbol der Freiheit in ein gefräßiges Raubtier. So zeichnet z. B. ein englischer Karikaturist einen fettleibigen Deutschen in Gestalt des Bundesadlers, als ob dieser die ganze Welt verschlingen wollte; alte Klischees vom biertrinkenden und maßlosen Deutschen in der Krachledernen beweisen ihre Dauerhaftigkeit.

Die Karikaturisten verwenden in ihren gezeichneten Kommentaren zum inneren Prozess der Einigung oft die Technik der Montage, um Probleme des Zusammenwachsens zu verdeutlichen. Einzelteile werden grafisch geordnet, um einen Bedeutungszusammenhang herzustellen. Ob ein als Unternehmer deutbarer Adler das DDR-Wappen in den Krallen hält, ob als Adler mit dem Kopf des Bundeskanzlers oder ob als DDR-Staatswappen mit dem letzten Mi-

Andrzej Krauze (Großbritannien),
»The Guardian«, 10.1.1992

78

Roar Hagen (Norwegen),
»Verdens Gang«, 11.11.1989

nisterpräsidenten, Beziehungen und Abhängigkeiten zwischen DDR und Bundesrepublik werden personifiziert dargestellt.

Nicht nur wirtschaftliche und soziale Probleme, auch die internationale Rolle Deutschlands wird unter Verwendung des Adler-Motivs in Szene gesetzt. Die Furcht vor einer deutschen Hegemonie bleibt auch am Ende des 20. Jahrhunderts in den Zeichnungen präsent und wird durch große aufgeplusterte Adler symbolisiert, die ihr Territorium Europa beherrschen. Ausländerfeindlichkeit und Rechtsradikalismus finden weltweit besondere Aufmerksamkeit. Erinnerungen an die Vergangenheit werden beschworen. Wenn ein amerikanischer Zeichner beispielsweise einen Hakenkreuzadler aus

der Asche aufsteigen lässt – ein zeichnerisches Zitat des griechischen Mythos vom Phönix, der sich selbst verbrennt, um verjüngt aus der Asche zu steigen – so verzerrt diese Karikatur ein in Amerika durchaus positives Bild Deutschlands. Meinungsumfragen belegen dies nachhaltig. Allerdings deutet diese Anspielung auch auf Ängste und Interpretationen, denen die große Mehrheit der Deutschen entschieden entgegentritt, die jedoch von allen verarbeitet werden müssen. Nur die Kenntnis gegenseitiger Wahrnehmungen ermöglicht gemeinsames Handeln.

Ulrich Op de Hipt

The New Germany
Ya'acov Farkas (Israel),
»Ha'aretz«, 3.6.1993,
Das neue Deutschland

Les peurs de l'Europe
Rui Pimentel (Portugal),
»O Jornal«, 24.11.1989,
Die Ängste Europas,
Liedtext: »Und nun wird das vereinigte Volk nicht mehr zu besiegen sein, nicht mehr zu besiegen sein ...«

Finn Graff (Norwegen),
»Dagbladet«, 26.9.1990

Thierry de Montvalon (Schweiz),
»Le Matin«, 3.10.1990

OUT OF THE ASHES

Out of the Ashes
Paul Conrad (USA),
»Los Angeles Times«, 1992,
Aus der Asche

From these ashes ... Free at last?
Josh Beutel (Kanada),
»Telegraph Journal«, 4.10.1990,
Aus dieser Asche ... endlich frei?

Deutscher Phönix
Tom Janssen (Niederlande),
»Gemeenschapelijke Persdienst«,
6.5.1990

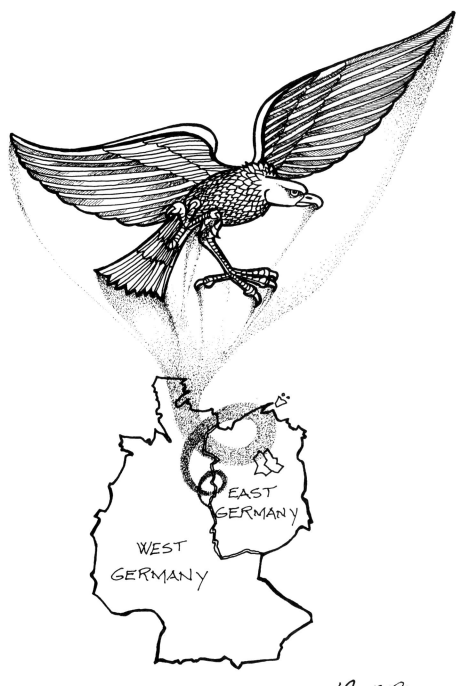

WEST GERMANY

EAST GERMANY

Maurice Tanti Burló (Malta),
»The Sunday Times«, 21.11.1989

Fritz Behrendt (Niederlande),
»De Telegraaf«, 25.6.1990

Franco Bruna (Italien),
1990

THE NATIVITY

»Normalität?«

Deutschlands neue Rolle in der Europäischen Union

Die Vereinigung Deutschlands beschleunigt die europäische Integration. Im Dezember 1991 verabschieden die Staats- und Regierungschefs der Europäischen Gemeinschaft in Maastricht den »Vertrag über die Europäische Union« und stellen damit wichtige Weichen für die Zukunft Europas: Die politische Zusammenarbeit wird vertieft, die Europäische Gemeinschaft zu einer Wirtschafts- und Währungsunion. 1999 wird der Euro als europäische Währung eingeführt, zunächst als gemeinsame Verrechnungseinheit, ab 2002 als einheitliches Zahlungsmittel.

Das vereinte Deutschland ist als bevölkerungsreichstes und wirtschaftlich stärkstes Land von entscheidender Bedeutung für die ökonomische Entwicklung in Europa. Geringes wirtschaftliches Wachstum, steigende Arbeitslosigkeit und zunehmende Staatsverschul-

The Nativity
Dave Brown (Großbritannien),
»The Sunday Times«, 27.12.1998,
Die Geburt

dung wecken bei zahlreichen ausländischen Karikaturisten Zweifel, ob Deutschland seine Rolle als ökonomische Lokomotive der Europäischen Union weiter ausfüllen kann.

Wird einerseits die Schwäche Deutschlands als Gefahr für die europäische Prosperität gesehen, bleiben andererseits Ängste vor einer deutschen Dominanz in Europa bestehen. Als Bundesfinanzminister Theo Waigel auf dem EU-Gipfel in Dublin 1997 die Euro-Länder auf die Einhaltung von Preisstabilität und Haushaltsdisziplin verpflichtet, macht der »teutonische Stabilitätspakt« in der öffentlichen Diskussion aus dem deutschen Partner einen »europäischen Präzeptor«.

Massive Kritik an Deutschland üben die Euroskeptiker in Großbritannien. Der Name Deutschland steht für die Idee eines Bundesstaats Europa und die Verringerung der Macht der Nationalstaaten. Die EU erscheint als ein von Deutschland gelenktes Großprojekt, als eine »Fortsetzung von Deutschland mit anderen Mitteln«. Als z. B. die EU-Kommission 1996

»Arrête, Helmut! Ça va te filer des crampes!«
Jean Plantureux (Frankreich),
15./16.12.1996,
»Vorsicht, Helmut! Du holst Dir noch
einen Krampf«, sagt der französische Staatspräsident
Jacques Chirac zu Bundeskanzler Helmut Kohl;
Auf der Tafel: Stabilitätspakt

ein Ausfuhrverbot für britisches Rindfleisch verhängt, wird die Bundesregierung als treibende Kraft massiv angegriffen. Ein Karikaturist zieht sogar Parallelen zur NS-Zeit und sieht Kontinentaleuropa wie im Zweiten Weltkrieg unter deutscher Besatzungsherrschaft mit Bundeskanzler Helmut Kohl als neuem »Führer«.

Aufmerksam beobachtet wird die deutsche Haltung zur EU-Erweiterung. Deutschland befürwortet den Beitritt osteuropäischer Staaten. Die EU beschließt auf ihrem Gipfeltreffen in Luxemburg im Dezember 1997, mit Estland, Polen, Slowenien, Tschechien, Ungarn und Zypern bilaterale Beitrittsverhandlungen aufzunehmen. Befürchtungen werden geäußert, dass Deutschland damit geopolitisch zur Zentralmacht der EU werde. Deutschlands Rolle als Anwalt Osteuropas und Türöffner zu Europa stößt andererseits aber auch auf viel Zustimmung und Lob, vor allem in den Bei-

trittsländern. Doch ruft die Öffnung der Grenzen durchaus auch Sorgen in den betroffenen Ländern hervor: »Die Deutschen kaufen unser Land!«, befürchtet ein polnischer Karikaturist und verweist auf den deutschen Einkaufstourismus im Grenzgebiet. Er spiegelt damit aus der Alltagsperspektive die Angst vor dem deutschen Kapital gerade in den ehemaligen deutschen Gebieten.

Allerdings verbessern auch gemeinsame europapolitische Interessen die ehemals gespannten bilateralen Beziehungen nicht nur zu Polen, sondern auch zu anderen Ländern, die unter der nationalsozialistischen Herrschaft gelitten haben. Fünfzig Jahre nach Kriegsende zieht der niederländische Karikaturist Fritz Behrendt 1995 eine positive Bilanz der deutschen Entwicklung nach 1945 und setzt den Wandel vom nationalsozialistischen Aggressor zum friedlichen europäischen Musterstaat in Szene.

Ein weiteres Feld ausländischer Berichterstattung ist die Teilnahme deutscher Streitkräfte an internationalen Militäreinsätzen z. B. im ehemaligen Jugoslawien. Das deutsche Engagement wird vor allem in den wichtigsten Partnerländern unterstützt. Begrüßt wird, dass Deutschland als das größte und mächtigste Land in Europa seiner Verantwortung als vollwertiger Alliierter nicht aus dem Wege geht. Gegenstimmen verweisen demgegenüber darauf, dass Deutschland aus historischen Gründen zu einem zurückhaltenden Auftreten verpflichtet sei.

In jüngster Zeit thematisieren ausländische Karikaturisten die Haltung Deutschlands in der Frage eines Militärschlages gegen den Irak. Deutschland, Frankreich und andere europäische Staaten kritisieren die amerikanische Vorgehensweise und den Krieg gegen den Irak. Zeichner setzen den Gegensatz zwischen dem »alten Europa«, wie der amerikanische Außenminister Rumsfeld die Nein-Sager in Europa abwertend tituliert, und der Regierung unter George W. Bush ins Bild. In ihren Karikaturen thematisieren sie eine Krise der transatlantischen Beziehungen.

Zur Außenpolitik des vereinigten Deutschland gibt es somit seit Mitte der 1990er Jahre ambivalente Stellungnahmen. Einerseits wird Deutschland als »normaler« Staat betrachtet, der nach 1945 ein verantwortliches Verhalten in Europa demonstriert hat, Vertrauen verdient und internationale Verantwortung übernehmen soll. Andererseits wird jedoch sensibel und auch mißtrauisch beobachtet, wie das souveräne Deutschland neu gewonnene Handlungsspielräume nutzt, um nationale Interessen durchzusetzen.

Ulrich Op de Hipt

91

Stability Pact
Steve Bell (Großbritannien),
»The Guardian«, 13.6.1997
Stabilitätspakt

Für Viele noch ein drückendes Problem

Für Viele noch ein drückendes Problem
Hans Ulrich Steger (Schweiz),
23.4.1997

93

Lido Contemori (Italien),
1998

1953 1985 1998 20??

Peter Brookes (Großbritannien),
»The Times«, 23.10.1997

Atlas the Titan
Roar Hagen (Norwegen),
1998,
Atlas, der Titan

»Who is it that keeps muttering
›just like ze old days mein Führer‹?«
Charles Griffin (Großbritannien),
»Daily Express«, 10.5.1996,
»Wer murmelt andauernd
›wie in den alten Tagen, mein Führer‹?«

The most opened
Jacek Frankowski (Polen),
1998,
Weiter geht's nicht

Clashes in the NATO
Oliver Schopf (Österreich),
»Der Standard«, 11.2.2003,
»Hier Rummy 1, Ausschreitungen in der NATO!
Wieder die Old Boys – Chirac und Schröder!
Brauche Verstärkung! Over!«

Henryk Sawka (Polen),
»Wprost«, 13.12.1998,
»Guck' mal, Marian, die Deutschen kaufen unser Land.«

Karikaturisten

Arcadio, Esquivel
Costa Rica, Karikaturist der Zeitungen »La Nacion« und »Tico Times«, Präsident der Karikaturisten-Vereinigung in Costa Rica »La Zarigueya«, viele Preise und Ausstellungen.

Batellier, Jean-François
Frankreich, geboren 1947 in Paris, arbeitete u. a. für »Le Monde« und »Vendredi«, Publikation zahlreicher Alben und Bücher.

Behrendt, Fritz
Niederlande, geboren 1925 in Berlin, 1937 Emigration in die Niederlande, Karikaturist vor allem bei »International Herald Tribune«, »Het Parool«, »Frankfurter Allgemeine Zeitung«, »De Telegraaf«.

Bell, Steve
Großbritannien, geboren 1951 in London, zeichnet politische Karikaturen und Cartoons seit 1977, seit 1981 für »The Guardian« und »New Statesman«, zahlreiche Bücher und Ausstellungen.

Bellenger, Jacques
Frankreich, geboren 1946 in Paris, Pressezeichner seit 1974 u. a. für »Le Monde«, »Le Matin de Paris«, »Vendredi«, Illustrator und Comic-Zeichner.

Beutel, Josh
Kanada, geboren 1945 in Montreal, Studium der bildenden Künste, Karikaturist beim »Telegraph-Journal«, New Brunswick, und anderen kanadischen Zeitungen.

Bojesen, Bo
Dänemark, geboren 1923, zeichnet für die dänische Tageszeitung »Politiken«, zahlreiche Veröffentlichungen und Buchillustrationen.

Brookes, Peter
Großbritannien, geboren 1943 in Liverpool, Studium an der Central School of Art in London, zeichnet für »The Times«, »The Spectator« und die amerikanische Presse.

Brown, Dave
Großbritannien, geboren 1957, zeichnet seit 1989 für »The Sunday Times« und seit 1996 für »The Independent«.

Bruna, Franco
Italien, geboren 1935 in Turin, Veröffentlichungen u. a. in »Corriere della Sera« und »Gazzetta dello Sport«.

Burki, Raymond
Schweiz, geboren 1949 in Lausanne, seit 1979 hauptberuflich Karikaturist mit Veröffentlichungen u. a. in »24 heures« und im schweizerischen Fernsehen.

Caldwell, Bill
Großbritannien, geboren 1946 in Glasgow, zeichnet für »The Daily Star«.

Clark, Laurence (»Klarc«)
Neuseeland, geboren 1949, von 1976 bis 1987 Herausgeber der Comic-Zeitschrift »Strips«, zeichnet von 1987 bis 1996 für »New Zealand Herald«.

Conrad, Paul
USA, geboren 1924 in Cedar Rapids, Iowa, erste Karikatur 1950 für »The Denver Post«, seit 1964 Chefkarikaturist der »Los Angeles Times«, dreifacher Pulitzer-Preisträger, mehrere Auszeichnungen und Buchpublikationen.

Contemori, Lido
Italien, satirischer Zeichner und Illustrator, seit 1980 Tätigkeit für die Tageszeitung »La Repubblica«, zahlreiche Ausstellungen.

Cummings, Michael
Großbritannien, geboren 1919 in Leeds, zeichnet seit 1952 für »Daily Express«, außerdem Veröffentlichungen in »Paris Match«, »Der Spiegel«.

Dam, Arend van
Niederlande, geboren 1945, Studium der Psychologie, arbeitet seit 1968 als Karikaturist, Grafiker und Illustrator.

Deligne, Frédéric
Frankreich, geboren 1962, Mitarbeiter der Tageszeitung »La Croix«, »Le Monde« und »Nice Matin«.

Elvestuen, Per
Norwegen, geboren 1962, Karikaturist der Osloer Tageszeitung »Dagens Næringsliv«.

Farkas, Ya'acov (»ZE'EV«)
Israel, geboren 1923 in Budapest, lebt seit 1947 in Israel, seit 1962 Tätigkeit für die Tageszeitung »Ha'aretz«, zahlreiche Bücher und Ausstellungen, viele Preise und Auszeichnungen, u. a. 1993 Israelischer Journalisten-Preis.

Frankowski, Jacek
Polen, geboren 1949 in Bork, erste Veröffentlichung von Karikaturen 1974, seit 1989 hauptberuflich als Karikaturist tätig, Veröffentlichungen in verschiedenen Tageszeitungen, u.a. »Rzeczpospolita«, seit 1998 Vorsitzender des polnischen Karikaturistenverbands.

Garland, Nicholas
Großbritannien, geboren 1935 in London, Kunststudium auf der Flade School, zeichnet für »Daily Telegraph«, »The Independent«, »The Spectator«.

Gaskill, Dave
Großbritannien, geboren 1939 in Liverpool, arbeitet seit 1973 als Illustrator und Karikaturist für Tageszeitungen in Großbritannien, Südafrika, Australien und Neuseeland.

Geisen, Hans (»Gei«)
Schweiz, geboren 1919 in Koblenz, von 1957 bis 1967 politischer Karikaturist der »Westfälischen Rundschau«, zeichnet seit 1967 für die Basler »National-Zeitung«, zahlreiche Buchveröffentlichungen.

Graff, Finn
Norwegen, geboren 1938 auf der Insel Wangerooge, von 1963 bis 1988 als Karikaturist und Illustrator bei der Zeitung »Arbeiderbladet«, seit 1988 bei »Dagbladet«, zahlreiche internationale Preise, meistens am International Salon of Cartoons in Montreal.

Griffin, Charles
Großbritannien, geboren 1946, Veröffentlichung seiner Karikaturen in »Daily Mail«, »The Observer«, »Daily Mirror«, »The European«, »The People« und »Punch«, seit 1995 arbeitet Griffin beim »Express«.

Hage, Jens
Dänemark, geboren 1948, seit 1979 Karikaturist und Illustrator der Tageszeitung »Berlingske Tidende«.

Hagen, Roar
Norwegen, geboren 1954 in Norwegen, Grafikdesigner, Hauskarikaturist bei »Verdens Gang«.

Holtrop, Bernhard Willem (»Willem«)
Frankreich, geboren 1941 in den Niederlanden, lebt seit 1968 in Paris, tätig u. a. für »Libération«, Publikation zahlreicher Bücher und Alben.

Janssen, Tom
Niederlande, geboren 1950 in Breda, seit 1976 politischer Karikaturist bei der Tageszeitung »Trouw«, veröffentlicht auch über die Nachrichtenagentur »Gemeenschappelijke Persdienst«, in den Zeitschriften »Onzewereld« und »Socialisme en Democratie« sowie in ausländischen Medien.

Kotrha, Lubomir
Slowakische Republik, geboren 1950, veröffentlicht seit 1967 Karikaturen in tschechoslowakischen Tageszeitungen und Magazinen sowie Trickfilme im Fernsehen.

Kovacik, Ivan
Slowakei, geboren 1959 in Topolcany, Studium an der Fachhochschule für Maschinenbau, zeichnet für »Rohac«, »Dikobraz«, »Playboy«, »Literarny Tyzdennik«, Ausstellungen in Belgien, Brasilien, Deutschland, Italien, Japan, Türkei.

Krauze, Andrzej
Großbritannien, geboren 1947 in Warschau, lebt seit 1979 in London, Illustrator, Karikaturist, Plakatmaler, zeichnet für »The Guardian«, »New Statesman«, »Aamulehti«.

Lin, Moshik
Israel, geboren 1950, Veröffentlichungen u. a. in »Ma'ariv«.

Maia, António Calado da
Portugal, geboren 1951 in Rio Maior, Studium der Rechtswissenschaft, Soziologie und Kunstgeschichte, Karikaturist u. a. der Zeitungen »Tempo«, »A Tribuna«, »A Capital« und »Fortuna«, viele Ausstellungen und Veröffentlichungen.

Martinez, Ricardo (»Ignacio Moreno«)
Spanien, geboren 1956 in Santiago de Chile, lebt seit 1969 in Spanien, zeichnet für »The Miami Herald«, seit 1988 für »El País«, seit 1990 für »El Mundo«.

Menzl, Martin (»em.«)
Österreich, geboren 1943 in Wien, Mitarbeiter bei vielen Tageszeitungen und Magazinen, seit 1970 Karikaturist bei der »Neuen Kronenzeitung«.

Mitelberg, Louis (»Tim«)
Frankreich, geboren 1919 in Polen, Student und Kriegs-freiwilliger in Frankreich, Tätigkeit bei »L'Humanité«, seit 1958 bei »L'Express«, heute auch »L'Evénement du Jeudi«, etwa ein Dutzend Karikaturenbücher, Illustrator von Klassikerausgaben (Kafka, Faulkner, Zola, Flaubert u. a.).

Montvalon, Thierry de (»Barrigue«)
Schweiz, geboren 1950 in Paris, Pressezeichner seit 1971, von 1971 bis 1979 Mitarbeit u. a. bei »France Soir«, »L'Unité«, seit 1979 Zeichner bei »Le Matin« (Lausanne), Publikation zahlreicher Bücher.

Motchalov, Vladimir
Russland, geboren 1948, Studium am Institut für Polygra-fie, zeichnet für »Novoje Vremja«, »Krokodil«, »Izvestija«, »Moscow Tribune«, »Newsweek«, »International Herald Tribune«, Preise u. a. in Japan.

Nagels, Edwin
Belgien, geboren 1945, studierte Bildende Kunst in Brüs-sel, seit 1975 politischer Karikaturist, Tätigkeit für »De Standaard« und »Brandpunt«, zahlreiche Preise.

Oliphant, Patrick
USA, geboren 1935 in Australien, 1964 Karikaturist der »Denver Post«, 1976 »Washington Star«, seit 1981 arbeitet er für verschiedene nationale und internationale Agentu-ren, Pulitzer Preis, zahlreiche Ausstellungen und Publi-kationen.

Pimentel, Rui
Portugal, geboren 1951 in Lissabon, Studium der Archi-tektur an der Eidgenössischen Technischen Hochschule in Zürich, Tätigkeit für »O Jornal« und »Visao«, viele Aus-stellungen und Preise.

Plantureux, Jean (»Plantu«)
Frankreich, geboren 1951 in Paris, arbeitet seit 1972 als politischer Karikaturist für »Le Monde«, Veröffentli-chungen auch in »L'Express« und anderen französischen Zeitungen, zahlreiche Ausstellungen und Buchveröffent-lichungen.

Poulsen, Poul Erik (»PEP«)
Dänemark, geboren 1935 in Horsens, Karikaturist und Illustrator, seit 1964 Tätigkeit bei »Jyllands-Posten«.

Radev, Milen
Bulgarien, geboren 1956 in Sofia, Studium der Architektur und des Bauwesens, arbeitet seit 1975 als Grafiker und Karikaturist für Zeitungen und Zeitschriften in verschiede-nen europäischen Ländern, u. a. in »Express«, »Eulenspie-gel«, »Nebelspalter«, »Frankfurter Allgemeine Zeitung«, zahlreiche Ausstellungen und Buchveröffentlichungen.

Sawka, Henryk
Polen, geboren 1958, erste Karikatur 1985 in »ltd«, zeich-net für »Wprost«, »Polityka« und Regionalpresse, Buch-publikationen mit Karikaturen, Einzelausstellung in Moskau.

Schopf, Oliver
Österreich, geboren 1960 in Kitzbühel, ständiger Mitarbei-ter der österreichischen Tageszeitung »Der Standard« und der schweizer Satire-Zeitschrift »Nebelspalter«, Veröf-fentlichungen u. a. in »Newsweek«, »International Herald Tribune«, »The Times«, »The Guardian«, »Die Zeit«, »Der Spiegel«.

Schrank, Peter
Schweiz, geboren 1952, lebt seit 1981 in London, zeichnet regelmäßig für »The Independent«, »Sunday Business Post«, »Basler Zeitung«.

Senesi, Vauro
Italien, geboren 1955 in Bistoia, lebt in Rom, Redakteur der Tageszeitung »Il Manifesto«, Mitarbeit bei »Corriere della Sera«, »Liberazione« und »Cuore«.

Shiloh, Jacob
Israel, geboren 1937 in Israel, Grand Prix des International Salon of Cartoons in Montreal, arbeitete für die Tages-zeitung »Davar«, seit 1981 Karikaturist der Tageszeitung »Ma'ariv« in Tel Aviv, zahlreiche Ausstellungen.

Steger, Hans Ulrich
Schweiz, geboren 1923 in Zürich, Studium an der Kunst-gewerbeschule Zürich, 1943 erste Karikaturen im »Ne-belspalter«, 1945 bis 1961 regelmäßiger Mitarbeiter der »Weltwoche« Zürich, 1961 bis 1967 Titelkarikaturist der »Zürcher-Woche«, seit 1967 »Zürcher Tages-Anzeiger«, zahlreiche Ausstellungen und Buchveröffentlichungen.

Tanti Burló, Maurice
Malta, geboren 1936, Karikaturist bei »The Sunday Times«.

Visscher, Nico
Niederlande, geboren 1933 in Groningen, Ausbildung als Lithograf und Studium an der Groninger Kunstakademie, zeichnet seit 1961 für das »Nieuwsblad van het Noorden«, publiziert ferner in »Staatscourant«, »Bijeen« und »Binnenlands Bestuur«, 1984 erhält er den Grand Prix des International Salon of Cartoons in Montreal.

Vlahovic, Jugoslav
Jugoslawien, geboren 1949 in Belgrad, Studium an der Akademie für Angewandte Kunst, Gestalter und Illustrator/Karikaturist der Wochenzeitung »NIN«, zeichnet für »New York Times«, »Wiener Journal«, »Die Zeit«, »Krokodil«, »Deutsches Allgemeines Sonntagsblatt«, zahlreiche Einzelausstellungen, UNESCO-Preis.

Westergaard, Kurt (»KW«)
Dänemark, geboren 1935, seit 1984 Zeichner der Zeitungen »Morgenavisen«, »Jyllands-Posten«.

Wheeler, Colin
Großbritannien, zeichnet u. a. für »The Independent«.

Ziomecki, Zbigniew
Polen, geboren 1930 in Warschau, erste Karikatur 1951, zeichnet für »Szpilki«, »Pardon«, »Polityka«, Preise u. a. Grand Prix Satyrykon.

Autoren

Dr. Anne Katrin Flohr
Jahrgang 1962, Politologin, Projektmitarbeiterin bei der Ausstellung »Deutschlandbilder«.

Prof. Dr. Walther Keim
Jahrgang 1935, ehemaliger Leiter der Pressedokumentation im Deutschen Bundestag, Lehrbeauftragter an der Westfälischen Wilhelms-Universität Münster. Zahlreiche Veröffentlichungen zu politischen, zeitgeschichtlichen und historischen Themen, Herausgeber vieler Karikaturenbände.

Grzegorz Leszczynski
Jahrgang 1956, Historiker, Projektmitarbeiter bei der Ausstellung »Deutschlandbilder«.

Ulrich Op de Hipt
Jahrgang 1953, wissenschaftlicher Mitarbeiter im Haus der Geschichte, Betreuer des Sammlungsbereichs »Karikaturen«. Projektleiter der Ausstellung »Deutschlandbilder«.

Prof. Dr. Hermann Schäfer
Jahrgang 1942, Präsident der Stiftung Haus der Geschichte der Bundesrepublik Deutschland. Zahlreiche Veröffentlichungen zur Wirtschafts- und Sozialgeschichte des 19. und 20. Jahrhunderts und zu Museumsthemen.

Impressum

© Copyright 1994
Stiftung Haus der Geschichte
der Bundesrepublik Deutschland, Bonn
Prestel-Verlag München, New York

© Copyright 2003, 2., neu bearbeitete
und ergänzte Auflage
Stiftung Haus der Geschichte
der Bundesrepublik Deutschland, Bonn
Kerber Verlag Bielefeld

Die zweite Auflage erschien im August 2003
zur Jahrestagung des Internationalen Statistischen
Instituts in Berlin, das die Publikation mit einem
Druckkostenzuschuss großzügig unterstützte.

Herausgeber:
Stiftung Haus der Geschichte
der Bundesrepublik Deutschland, Bonn
Präsident:
Prof. Dr. Hermann Schäfer

Deutsche Ausgabe:
Redaktion:
Petra Rösgen (1. Aufl.)
Barbara Langer (2. Aufl.)
Simone Mergen (Bildredaktion, 2. Aufl.)

Englische Ausgabe:
Übersetzung:
George Williams
Redaktion:
Petra Rösgen, Christine Keutgen

Fotos:
Michael Jensch, Axel Thünker

Gestaltung:
Baltus Mediendesign, Bielefeld

Korrektorat: Kerber Verlag, Tanja Kemmer

Reproduktion und Druck:
Busch. Druck Medien Verlag, Bielefeld

Karikatur auf dem Umschlag:
António Calado da Maia

Wir danken dem Centre for the Study of Cartoons and
Caricature der University of Kent für die Unterstützung.

© der abgebildeten Werke,
soweit dies nicht bei den Künstlern liegt:
Heine-Nachlass, Städtische Galerie
im Lenbachhaus, München: S. 13
Klarc – »New Zealand Herald«: S. 41 u.
Bulls Press, Frankfurt a. M.: S. 83

Alle Rechte vorbehalten. Kein Teil des Buches darf
ohne ausdrückliche Genehmigung in irgendeiner Form
reproduziert werden, weder in mechanischer noch in
elektronischer Form, einschließlich Fotokopie.

ISBN 3-936646-18-X

ISBN der englischen Ausgabe:
3-936646-20-1

Printed in Germany